$L_{n.}^{27}$ 13364.

DISCOURS

PRONONCÉS A STRASBOURG ET A WESSERLING

le 28 et le 29 mars 1861

PAR

MM. LES PASTEURS BRUCH ET SAIGEY

A L'OCCASION DE LA MORT

DE

Mathilde-Clémentine MANNIER, née GROS.

« Heureux ceux qui ont le cœur pur, car ils verront Dieu. » (S. Matth., V, 8.)

« Mon Père, si tu voulais éloigner cette coupe de moi ! Toutefois que ta volonté soit faite, et non la mienne. » (S. Luc, XXII, 42.)

STRASBOURG

TYPOGRAPHIE DE G. SILBERMANN, PLACE SAINT-THOMAS, 3.

1861

DISCOURS

PRONONCÉ A STRASBOURG

DANS LA MAISON MORTUAIRE

AVANT LA TRANSLATION DU CORPS A WESSERLING

le Jeudi-Saint, 28 mars 1861

PAR

M. BRUCH

DOYEN DE LA FACULTÉ DE THÉOLOGIE PROTESTANTE.

Dieu, Père de grâce et de miséricorde, toi qui étais avant que les montagnes fussent nées, avant que le ciel et la terre eussent été formées, et qui seras encore quand cet univers sera retombé dans le néant, d'où l'a tiré ta parole toute-puissante ; Éternel, Souverain Maître de la vie et de la mort, sois avec nous dans cette heure de douloureuse solennité. Amen.

Mes bien-aimés frères en Jésus-Christ, notre Seigneur,

Le deuil règne aujourd'hui où régnait naguère un doux bonheur, et nos cœurs sont remplis de tristesse. Dans ce lieu, dans cette disposition, que pourrions-nous faire de mieux que de recourir à celui qui est le refuge des affligés, le dispensateur de toute véritable consolation ? Élevons donc nos âmes à Dieu, et prions.

O notre Dieu et notre Père ! tes pensées ne sont pas nos pensées, et tes voies ne sont pas nos voies. Hélas ! nous espérions que l'amie qui nous a quittés jouirait pendant de longues années des joies nouvelles que tout semblait lui promettre, qu'il lui serait permis d'élever l'enfant que tu lui avais accordé, et de lui inspirer ces sentiments de piété, toutes ces vertus par lesquelles elle se distinguait elle-même à un si haut degré ; que, pendant longtemps encore, elle ferait le bonheur de son époux, auquel elle était si tendrement attachée, et de sa famille dans laquelle tous les cœurs battaient pour elle d'une affection si vraie. Telle était encore notre espérance au moment même où tu rappelais son âme de ce séjour terrestre. O notre Père, pourquoi l'as-tu ravie si tôt à son époux, à son enfant, à sa famille, à tous ceux qui l'ont connue et aimée ? Mais qui sommes-nous pour oser t'adresser une pareille question ! Faibles créatures, dont l'existence date d'hier et qui demain peut-être ne serons plus, pouvons-nous sonder les décrets de ta sagesse, qui embrasse le présent et l'avenir, le temps et l'éternité? Ah, la perte que tu nous fais éprouver est infiniment douloureuse ; nos cœurs gémissent ; ce coup si imprévu nous accable. Mais nous ne murmurons pas ; nous nous inclinons devant toi, nous adorons les dispensations impénétrables de ta providence, et nous ne nous laissons pas ébranler dans notre conviction que tu es un Dieu d'amour. Nous élevons nos regards vers les demeures célestes, auxquelles tu as appelé notre sœur bien-aimée. Fais-lui goûter cette béatitude dont elle s'est rendue si digne ; laisse-la s'élancer de lumière en lumière, de perfection en perfection, de félicité en félicité. Répands tes consolations dans les cœurs que tu as brisés. Entoure de ta protection cet enfant, qui n'a pas eu le bonheur de connaître sa mère ; fais qu'il devienne semblable à elle ; que, comme elle, il soit pour son père un sujet de joie continuelle. Ah, notre Dieu, un jour viendra où, reçus à notre tour dans ces régions mystérieuses que notre foi n'aperçoit encore que de loin, nous apprendrons pourquoi tu nous a enlevé si tôt notre Clémentine chérie ; contemplant alors avec admiration la sagesse de tes dispensations, nous nous prosternerons devant ton trône en disant : Oui, Seigneur, tout ce que tu as fait a été bien fait. Amen.

Mes bien-aimés,

Au moment de choisir le passage des saintes Écritures que, dans cette heure triste et solennelle, je recommanderais à votre méditation, l'image de celle que nous pleurons s'est présentée à mon esprit; et, avec cette image si pure et si belle, ma mémoire m'a retracé aussitôt la parole du Seigneur que nous lisons dans saint Matthieu (chap. V, v. 8) : « *Bienheureux sont ceux qui ont le cœur pur, car ils verront Dieu !* »

Le Seigneur promet à ceux dont le cœur est pur qu'ils verront Dieu. Mais quoi? ne le voient-ils pas déjà dans cette existence terrestre? Oui, mes frères, ils voient Dieu dès maintenant, parce qu'ils le connaissent comme le Dieu d'amour et de grâce, parce qu'ils se sentent pressés d'aller vers lui, parce que, toutes les fois qu'ils s'unissent à lui par la pensée, ils éprouvent une joie divine, une émotion aussi douce que profonde.

Pour celui dont le cœur est impur, qui porte en soi la conscience d'une grave culpabilité, la pensée de Dieu n'a rien d'attrayant ; elle a, au contraire, quelque chose de terrible. Dans le trouble de son âme, il ne voit que le Dieu de justice, qui tôt ou tard sait trouver le pécheur, et lui inflige les punitions méritées. Le malheureux fuit la pensée de Dieu ; il voudrait pouvoir lui échapper, mais elle le poursuit et le remplit de crainte et d'angoisse ; il se persuaderait volontiers que Dieu n'existe pas, mais sa conscience et sa raison ne cessent de lui dire : Oui, il y a un Dieu, et il te faudra comparaître à son tribunal.

Qu'il en est autrement de celui dont le cœur est pur ! Guidé par des aspirations naturelles et puissantes, il cherche Dieu, et il ne le cherche pas en vain. Il le trouve partout. L'univers lui révèle son Créateur ; il le voit dans l'éclat du jour, dans les splendeurs de la nuit ; il le contemple dans les astres étincelants du ciel et dans l'humble fleur des champs. Le bruit de la tempête, le frémissement de l'air dans la cime des arbres, le murmure du ruisseau, toutes les innombrables voix de la nature lui parlent de son Créateur. Dieu se manifeste à lui dans tous les événements de sa vie ; à chaque bonheur qui lui tombe en partage, il reconnaît le Dieu de bonté ; chaque épreuve qu'il subit lui rappelle l'Éternel, qui dirige les destinées humaines avec une impénétrable sagesse. Dans les moments mêmes où, courbé sous le poids du malheur, il est tenté de se demander : Pourquoi suis-je frappé si cruellement ? il porte ses yeux en haut, et aperçoit Dieu conduisant l'homme à travers cette vie par des sentiers souvent âpres et mystérieux, mais qui aboutissent toujours au salut éternel. Et chaque fois que l'homme au cœur pur voit Dieu, toute son âme est attirée vers lui, et du fond de son être s'échappe ce cri d'amour : *Abbah*, mon Père !

Que sera-ce lorsqu'un tel homme aura accompli son pèlerinage terrestre, et que son âme, délivrée d'une enveloppe périssable, sera entrée dans sa divine patrie ! Ah, que de voiles tomberont alors de ses yeux, que de ténèbres se dissiperont, que de doutes s'éclairciront, quelle lumière viendra l'inonder de toutes parts ! Ame glorifiée, qu'éprouveras-tu, lorsque, plongeant tes regards dans l'immensité de la création, tu découvriras tant de merveilles qu'ici-bas tu n'avais pas même pressenties ? Qu'éprouveras-tu, lorsque, dans une lumière éclatante, tu verras ta vie passée se dérouler devant toi tout entière et avec toutes ses vicissitudes ? Qu'éprouveras-tu, lorsque les mystères de l'autre monde te seront dévoilés, et que tu entendras les chants que d'innombrables esprits entonnent en l'honneur du Seigneur des Seigneurs ? Qu'éprouveras-tu quand tu te trouveras en face de ce divin Sauveur que tu as tant aimé ici-bas, quand tu seras réunie de nouveau avec les êtres chéris qui t'ont précédée au céleste séjour ? Ame immortelle et glorifiée, partout tu contempleras Dieu, partout se révèleront à toi sa sagesse et son amour. Homme au cœur pur, oui, tu es bienheureux : car, après avoir trouvé Dieu par la foi dans cette vie, tu le verras sans nuage et avec un indicible ravissement dans les demeures mystérieuses de l'éternité !

Mes frères bien-aimés, ne faites-vous pas de vous-mêmes l'application de ce que je viens de dire à celle dont la perte nous inspire des regrets si douloureux ? Vous tous qui l'avez connue, vous savez combien son cœur a été pur. Il a été comme un temple de Dieu, inaccessible à tout ce qui est profane. Cette pureté de son cœur ne se montrait-elle pas dans la douceur de son regard, dans l'harmonie répandue sur toute sa personne ? N'était-elle pas la source de ces trésors de bonté et d'affection que renfermait son âme, de cette calme sérénité qui lui était habituelle, et qui s'alliait chez elle à une sensibilité délicate? C'est de la pureté de son cœur que procédaient ses profondes aspirations religieuses, c'est elle qui lui faisait voir le Seigneur dans les merveilles de la nature, comme dans les événements de sa vie. Cette pureté de cœur l'attirait vers le Père céleste, et lui inspirait une confiance illimitée dans sa providence. Elle a vu Dieu non-seulement dans les jours de son bonheur terrestre, mais aussi dans les heures d'épreuve et d'affliction. Étendue sur son lit de douleur, ressentant déjà les angoisses de la mort, n'a-t-elle pas cherché Dieu par toutes les puissances de son être? avec quelle ardeur elle implorait sa miséricorde! avec quelle résignation elle s'abandonnait à sa sainte volonté! Ah, sans doute, dans ces cruels moments elle pensait aussi à tous ceux qu'elle avait aimés sur la terre. Elle pensait à cet époux qui l'avait constamment entourée de l'affection la plus profonde; à cet enfant auquel il ne lui était pas permis de prodiguer des soins maternels; à ses parents que sa mort allait plonger dans l'affliction et dans le deuil, enfin, à tous les membres de sa famille à qui son départ devait inspirer de si cruels regrets. Mais elle a pensé avant tout à Dieu. Elle s'est réfugiée dans ses bras; c'est chez lui qu'elle a cherché la consolation et l'espérance. Et, en portant ses regards vers Dieu, il lui a semblé, par moments, que, dans une lumière échappée des espaces du monde à venir, vous lui apparaissiez, vous qu'elle avait pleurées et qu'elle devait si tôt rejoindre, vous Camille, sa cousine chérie, et vous Mathilde, sa tante adorée, lui faisant signe, lui tendant les bras, comme pour la recevoir et l'introduire dans la cité éternelle.

Ah, je le sais, mes frères, notre amie a lutté longtemps, cruellement; mais elle a triomphé. Son âme est entrée dans ces sphères vers lesquelles, au milieu de ses angoisses, elle portait ses regards. Maintenant tous les nuages qui obscurcissaient ici-bas sa vue, se sont dissipés. Entourée d'une radieuse clarté, elle contemple Dieu dans sa majesté ineffable. Toutes les merveilles qui, dans cette existence, nous sont complétement cachées, lui sont aujourd'hui visibles. Elle jouit avec ravissement d'un si beau spectacle. Les voies secrètes de la Providence se révèlent à son cœur et la remplissent d'une sainte admiration. Elle sait maintenant pourquoi Dieu a voulu qu'elle quittât la terre au printemps de sa vie, et elle s'incline avec gratitude devant sa volonté souveraine.

Oui, chère Clémentine, tu es bienheureuse, parce que ton cœur a été pur. Ah, sans doute, dans ces régions mystérieuses où tu te trouves maintenant, toujours pénétrée d'amour, tu pries le Seigneur pour les êtres chéris que tu as laissés sur cette terre, et ta prière ne demeurera pas stérile, mais sera pour eux une source d'abondantes bénédictions.

Pour nous, qui perdons une telle amie, gardons-nous de la plaindre : affranchie désormais de toutes les épreuves de la vie, elle est entrée au séjour de la vraie félicité. Plaignons plutôt les objets de son amour, qu'elle a quittés et que son départ a plongés dans une si profonde douleur. Supplions le Seigneur qu'il les assiste de sa grâce, qu'il les fortifie dans leur foi, qu'il verse dans leurs cœurs le baume de ses consolations, qu'il entretienne en eux l'espérance de revoir un jour dans un autre monde celle pour qui coulent aujourd'hui leurs larmes.

Nous tous qui l'avons connue, appréciée, aimée, nous ne l'oublierons jamais ; son image restera gravée dans nos cœurs. Et toutes les fois que cette pure image se reproduira devant nous, elle nous rappellera le devoir de tendre aussi à cette pureté de cœur qui la distinguait et par laquelle elle s'est fait aimer de tous. Ah, mes bien-aimés, les jours de notre vie s'écoulent avec une rapidité effrayante. Et que restera-t-il de nous, lorsque la mort nous aura touchés à notre tour de sa main glacée? Rien que notre âme, qui seule est immortelle. Ayons donc soin de cette âme précieuse : bannissons-en de bonne heure toute pensée mauvaise, tout sentiment coupable. Faisons en sorte qu'elle soit toute pénétrée de foi, d'amour et d'espérance, afin que, lorsque le moment sera venu pour elle de quitter cette vie d'épreuves et de larmes, elle soit jugée digne d'entrer dans ces demeures de la maison de Dieu, vers lesquelles notre chère Clémentine nous a précédés. Amen.

DISCOURS

PRONONCÉ A WESSERLING

DANS L'ÉGLISE PROTESTANTE

LE VENDREDI-SAINT, 29 MARS 1861, JOUR DE L'INHUMATION

PAR

M. LE PASTEUR ED. SAIGEY.

Chrétiens, mes très-chers frères,

Il y a aujourd'hui plus de dix-huit siècles et demi qu'une grande, une terrible agonie commençait au Jardin-des-Oliviers pour s'accomplir en Golgotha : le Fils de Dieu, Jésus, notre Sauveur, souffrait pour nous dans son corps et dans son esprit ; portant à notre place le poids de nos péchés, il ressentait dans son âme une profonde affliction, une douloureuse angoisse ; puis victime expiatoire, il combattait le dernier combat ; il passait, après d'indicibles souffrances, par la sombre vallée de la mort.

Tel est notre sort à nous tous, mes frères ; comme Jésus, qui ne le méritait pas, nous, qui le méritons par nos constantes transgressions de la loi de Dieu, nous avons notre croix à porter dans ce monde ; comme Jésus, nous avons chacun notre part de douleurs du corps, chacun notre part de douleurs de l'âme.

Qui de nous n'éprouverait une vive affliction en portant ses regards sur ce cercueil : ce cercueil venu de loin demander un asile dans ce temple, une place au pied de cet autel, un lieu de repos dans notre champ des morts ; ce cercueil, qui renferme les restes d'une autre Rachel, arrachée à ce monde par la naissance d'un autre Benjamin (Gen. XXXV, 16-19) !

Mathilde-Clémentine Gros était née à Poissy, le 31 décembre 1830. Restée auprès de sa mère plus longtemps que ses sœurs, elle était devenue son amie et avait puisé dans ses épanchements de chaque jour, de chaque heure, un sérieux de caractère, qui se fortifiait encore dans une piété sincère et s'unissait à une grande douceur. La sérénité de son âme se peignait dans ses regards ; les épreuves ne l'avaient point épargnée ; elle en était sortie victorieuse, pleine de reconnaissance pour son Dieu, qui l'avait aidée et soutenue de sa main puissante. L'avenir lui souriait : le 16 mars 1859, elle épousait à Nice M. Prosper-Alfred Mannier, et quelque temps après, elle arrivait, heureuse et confiante, dans sa nouvelle famille, qui lui rendit amour pour amour. Son bonheur, hélas! devait être de courte durée; deux ans! tel fut le terme que lui assigna celui qui la jugeait digne d'une autre félicité, d'une félicité plus grande que toutes celles de la terre, oui même que celle de la jeune mère au berceau de son enfant. Mariée un 16 mars, ce fut encore un 16 mars qu'elle sourit au petit être chéri que le Seigneur lui accordait; mais ce sourire s'éteignit tout aussitôt, et après dix jours de luttes contre la mort, elle s'endormit pour l'éternité, mardi passé, le 26 de ce mois, vers midi, à l'âge de trente ans deux mois et vingt-six jours.

O vous! vous tous, à qui elle était une épouse, une sœur, une fille dévouée et aimante, par quelles angoisses n'avez-vous pas dû passer! car le Seigneur vous a cruellement frappés dans vos plus chères, dans vos plus saintes affections. Quel douloureux voyage vous venez d'accomplir! Là-bas, Strasbourg, la ville où votre deuil a commencé; ici, le lieu où il va se confondre avec un autre deuil et élever son monument de pierre! Votre affliction, nous le sentons tous avec vous, votre affliction est de celles qui ne se peuvent exprimer; mais Jésus vous demande de répéter comme lui, du fond de votre cœur brisé, les paroles de son agonie, que nous allons méditer un moment avec l'assistance de son Esprit :

« Mon Père, que ta volonté se fasse, et non la mienne ! »

1.

La soumission.

Dans ces heures poignantes de tristesse, qui déjà sont passées, mais qui restent encore toutes présentes à votre souvenir, vous les avez redites, j'en suis sûr, ces paroles du Sauveur en Gethsémané : « Mon Père, que cette coupe passe loin de moi, s'il est possible ! » Elle les a murmurées dans ses prières, notre jeune sœur, qui aujourd'hui nous voit et nous entend du haut des cieux, où elle a cimenté son union avec Jésus-Christ, avec ce Jésus, dont elle disait à ses derniers moments, dans la conviction la plus profonde : « Christ est en moi ! le bon Dieu est en moi ! »

Tu lui avais versé, grand Dieu ! un calice bien amer ! tu venais de la combler des joies de la terre, et déjà ta voix la rappelait auprès de toi ! et elle s'est soumise à ta volonté, sa piété nous en est un garant irrécusable ! Comme son Rédempteur, elle t'a dit : « Que ta volonté se fasse, et non la mienne ! » et elle est venue à toi, remettant sous ta protection et ta sauvegarde tous ceux qu'elle aimait ici-bas !

Aujourd'hui, vous tous qui la pleurez, il vous faut sanctifier votre douleur par une soumission pareille ; c'est dans les épreuves que le chrétien se montre fort. L'indifférent, l'incrédule se livre au désespoir, se complaît au murmure, s'oublie même parfois jusqu'au blasphème ; Dieu ne lui est point un refuge et n'a point de consolation pour lui ; car il ne l'a jamais connu comme un Père, il n'a jamais éprouvé son amour, il n'a jamais vécu en union avec lui. Mais le chrétien qui sait que Dieu est un Dieu de charité, le chrétien qui sait que Dieu nous a aimés le premier et n'a pas hésité à sacrifier son Fils pour nous, le chrétien qui a déjà goûté, par une expérience personnelle, « combien le Seigneur est doux, » qui s'est mainte et mainte fois approché de lui comme de « la pierre vive qui a été rejetée par les hommes, mais que Dieu a choisie et qui lui est précieuse (1 Pierre II, 3, 4) », le chrétien se refuse à redire avec Job à l'Éternel : « Peux-tu te plaire à m'accabler (Job X, 3) ? » Les souffrances qu'il endure, les afflictions qu'il ressent, lui apparaissent comme faisant partie des décrets mystérieux de Dieu en sa faveur, et ces décrets, il le sait, n'ont qu'un seul but, son salut à venir; ne doit-il pas souffrir avec le Christ, souffrir avec lui en Gethsémané, pour devenir un jour participant de sa gloire?

Cette soumission, qui pourrait l'ignorer? n'est pas facile à l'homme : quand parlent la chair et le sang, la voix de l'Évangile paraît souvent bien dure, bien sévère; et cependant, ne sentez-vous pas que votre consolation, que la paix de votre âme dépend de votre obéissance à son appel, de votre empressement à la soumission, de votre ferveur sincère à dire avec Jésus : « Seigneur, que ta volonté se fasse et non la mienne ! » Imitez donc Jésus : il est tout-puissant pour vous aider! demandez-lui son Esprit de patience, son Esprit de confiance filiale en son Père, et il vous l'accordera! demandez-le pour vous d'abord; demandez-le encore pour ce pauvre enfant, qui commence la vie, entouré de soins attentifs, mais privé de sa mère, afin que lui aussi, lorsqu'il se sentira orphelin, il se résigne à la volonté de Dieu ! demandez et vous recevrez : car la prière faite au nom de Jésus, la prière de l'âme angoissée et brisée qui implore sa guérison, est exaucée par le Seigneur.

Et vous tous, mes frères, vous tous qui êtes venus donner aujourd'hui un témoignage de sympathique affection à ceux qui sentent en ce moment tout le poids de la main de l'Éternel, ne voulez-vous pas vous associer à ces prières, afin qu'un baume aussi doux que la manne du désert descende du Ciel en rosée abondante sur ces blessures cruelles? ne voulez-vous pas aussi demander à Dieu pour vous-mêmes le courage de la soumission chrétienne? savez-vous ce qui vous est réservé dans un avenir peut-être des plus proches? savez-vous si l'angoisse ne viendra pas s'établir bientôt dans votre demeure? savez-vous si l'affliction ne va pas faire tout à l'heure de vous ses victimes? Oh! demandez et priez, pour qu'au jour de l'épreuve vous aussi vous puissiez dire:

« Mon Père, si tu voulais éloigner cette coupe de moi! toutefois, que ta volonté se fasse et non la mienne! »

2.

L'espérance.

La soumission du Christ, mes frères, cette soumission qu'à son tour lui seul peut produire dans ses fidèles, est intimement liée à une espérance, je devrais dire à une certitude. Jésus savait qu'en accomplissant la volonté de son Père, qu'en buvant jusqu'à la lie le calice d'amertume qui lui était présenté, il assurait le salut de tout le genre humain.

Et vous, chers frères, chères sœurs, qui êtes aujourd'hui plongés dans l'affliction, ne savez-vous pas qu'à votre soumission, à votre acceptation filiale de l'épreuve par laquelle vous passez, est jointe une espérance, ou mieux encore une certitude? La piété est la porte du Ciel; la foi ouvre le royaume des bienheureux: or, la foi se manifeste surtout dans l'affliction; il est facile d'aimer Dieu, quand Dieu nous comble de ses faveurs; il est plus difficile de l'aimer, quand sonne l'heure mauvaise. Si du fond du cœur, vous parvenez à répéter avec le Christ: « Mon Père, que ta volonté se fasse et non la mienne! » vous serez bien préparés à recevoir à votre heure la couronne de gloire réservée aux élus; mais ne l'oubliez pas, il faut une persévérance que rien ne lasse, une constance que rien n'abatte; ce n'est qu'à la condition de veiller et de prier, comme Jésus vous y invite, que vous entendrez retentir un jour à vos oreilles cet éloge et cette invitation de votre Souverain Juge: « Cela va bien, bon et fidèle serviteur; parce que tu as été fidèle en peu de choses, je t'établirai sur beaucoup ; entre dans la joie de ton Seigneur (Matth. XXV, 21) ! »

Et alors, et alors, voyez : ils viendront à vous, ceux qui ont été enlevés à vos affections ici-bas, et qui sont morts dans l'innocence et la crainte de l'Éternel ; elle viendra à vous, cette épouse, cette sœur, cette fille chérie et aimante, et il n'y aura plus ni pleurs ni séparation, et « personne ne vous ravira votre joie (Jean XVI, 22). » Marchez donc courageusement dans la voie pénible que le Seigneur vient de vous ouvrir ; aux roses du bonheur ont succédé les épines de l'affliction ; mais que sont les souffrances du temps présent auprès de la félicité éternelle? Les yeux levés au Ciel, où vous attend celle que vous pleurez, où Jésus ouvre des bras de frère à tous ceux qui sont travaillés et chargés, vous achèverez avec une pieuse soumission votre pèlerinage terrestre, vivant de souvenir, sentant, à mesure que vous avancerez, les liens jadis formés et soudain brisés par la mort se renouer de jour en jour davantage, pour devenir des liens éternels.

Et vous aussi, mes frères, puissiez-vous tous avoir cette assurance et nourrir cet espoir ! Pour qu'il en soit ainsi, pour qu'au Ciel personne ne manque à la réunion de famille, faites régner dans vos cœurs, dans les cœurs de vos enfants la foi en Dieu et en ce Jésus, qui, par son sacrifice volontaire, nous a rachetés de la damnation et de la colère à venir; que votre piété et leur piété soient sincères, non de bouche, mais de cœur; et la mort, loin d'être pour vous le roi des épouvantements, sera bénie par vous, comme le messager de la grâce du Très-Haut!

Et maintenant, Seigneur notre Dieu! nous ne quitterons point ta demeure sans te demander de bénir richement l'annonce de ta Parole à tous ceux qui aujourd'hui s'humilient devant toi dans une profonde douleur. Toi qui as reçu en grâce cette jeune sœur, pour qui tu trouvais le monde trop imparfait et que tu avais mûrie pour le Ciel, oh! dispense à son époux et à ses parents tes plus précieuses consolations; protége son enfant, et donne-lui de grandir en sagesse et en grâce devant toi et devant tous les hommes; ordonne à ton bras de ne plus frapper, Seigneur! et que ta volonté soit faite et non pas la nôtre! Amen.

www.ingramcontent.com/pod-product-compliance
Lightning Source LLC
Chambersburg PA
CBHW070453080426
42451CB00025B/2717